AUTOGRAPH BOOK

this book belongs to :

PLACE PHOTO
HERE

PLACE PHOTO
HERE

PLACE PHOTO
HERE

PLACE PHOTO
HERE

PLACE PHOTO
HERE

PLACE PHOTO

HERE

PLACE PHOTO
HERE

PLACE PHOTO HERE

Place Photo
Here

PLACE PHOTO
HERE

PLACE PHOTO
HERE

PLACE PHOTO
HERE

PLACE PHOTO
HERE

PLACE PHOTO
HERE

PLACE PHOTO
HERE

PLACE PHOTO
HERE

PLACE PHOTO
HERE

PLACE PHOTO
HERE

PLACE PHOTO
HERE

PLACE PHOTO
HERE

PLACE PHOTO
HERE

PLACE PHOTO
HERE

PLACE PHOTO
HERE

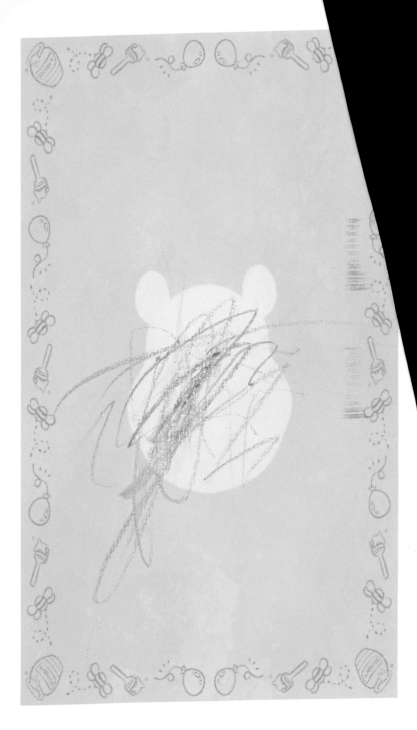

Made in the USA
Middletown, DE
18 February 2020

84979452R00027